Este Libro para Colorear de
Moda Pertenece a :

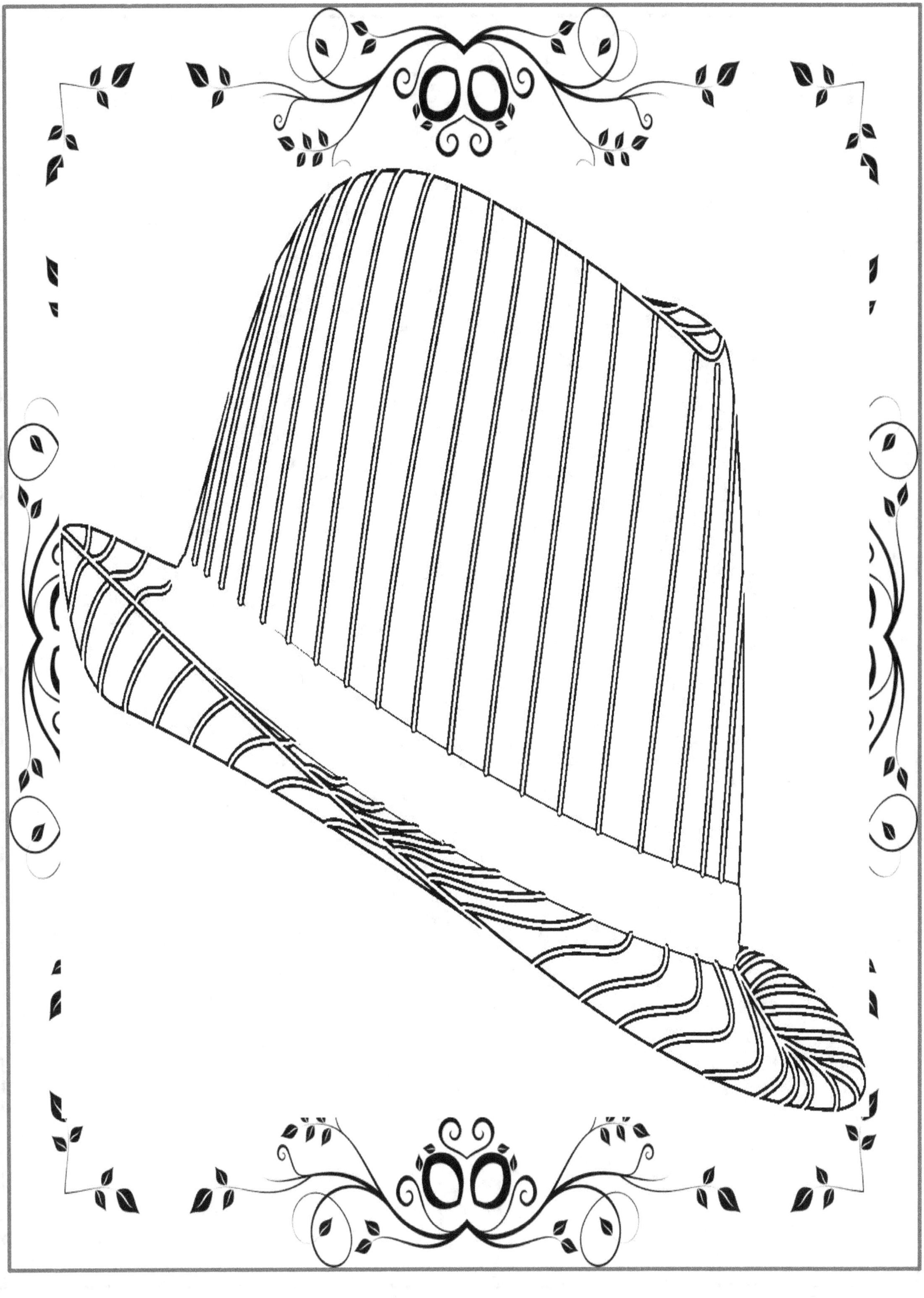

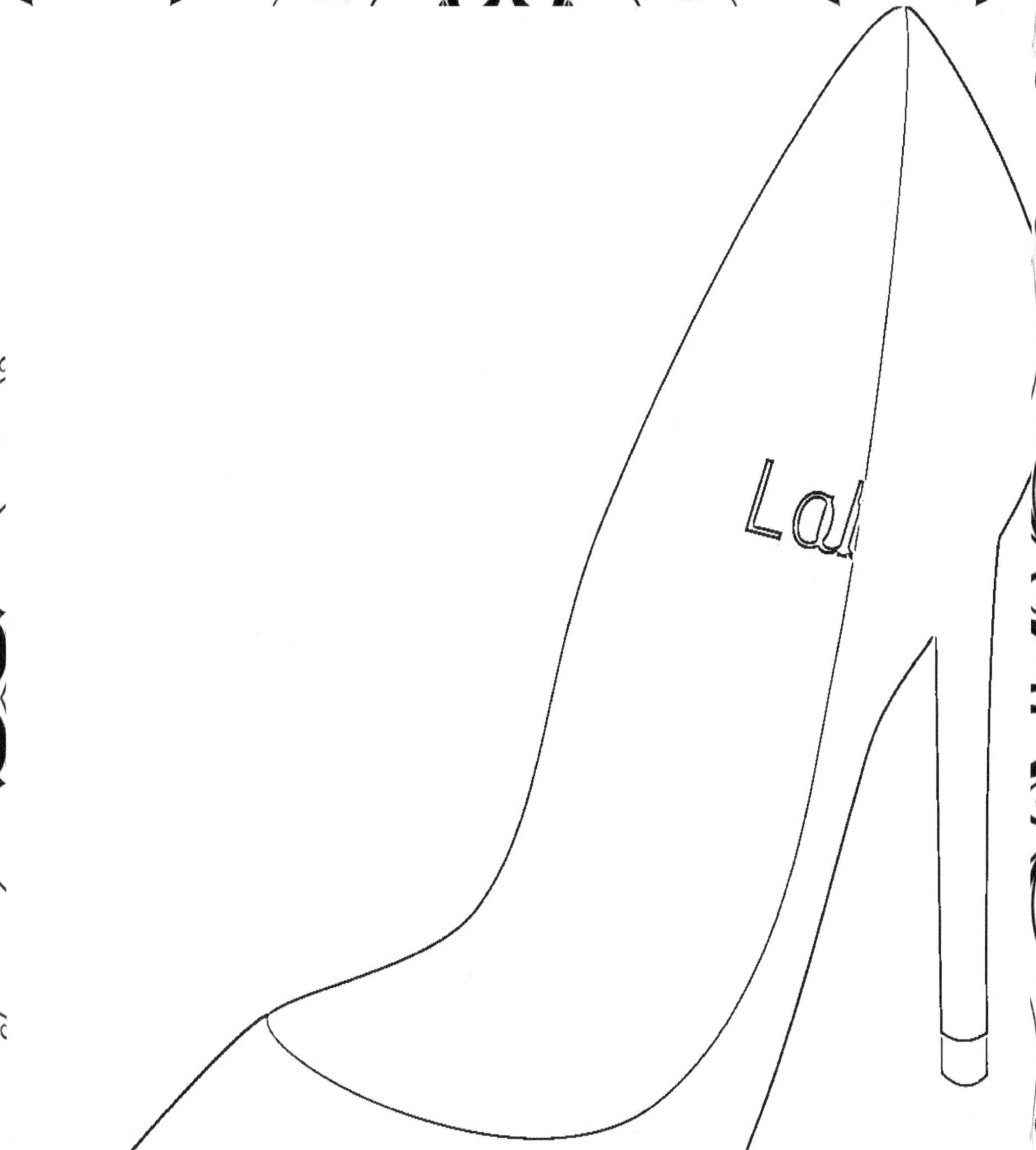

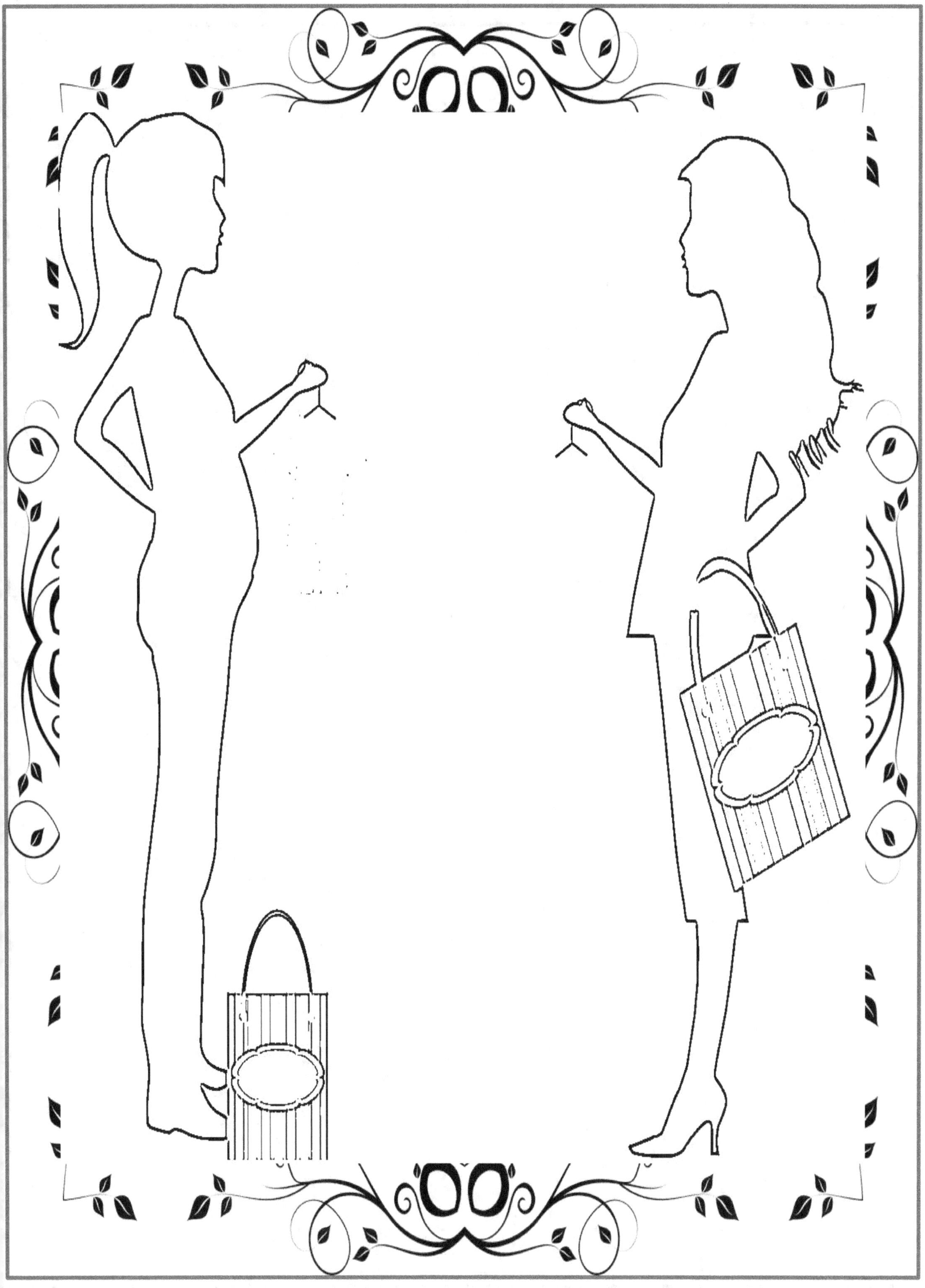

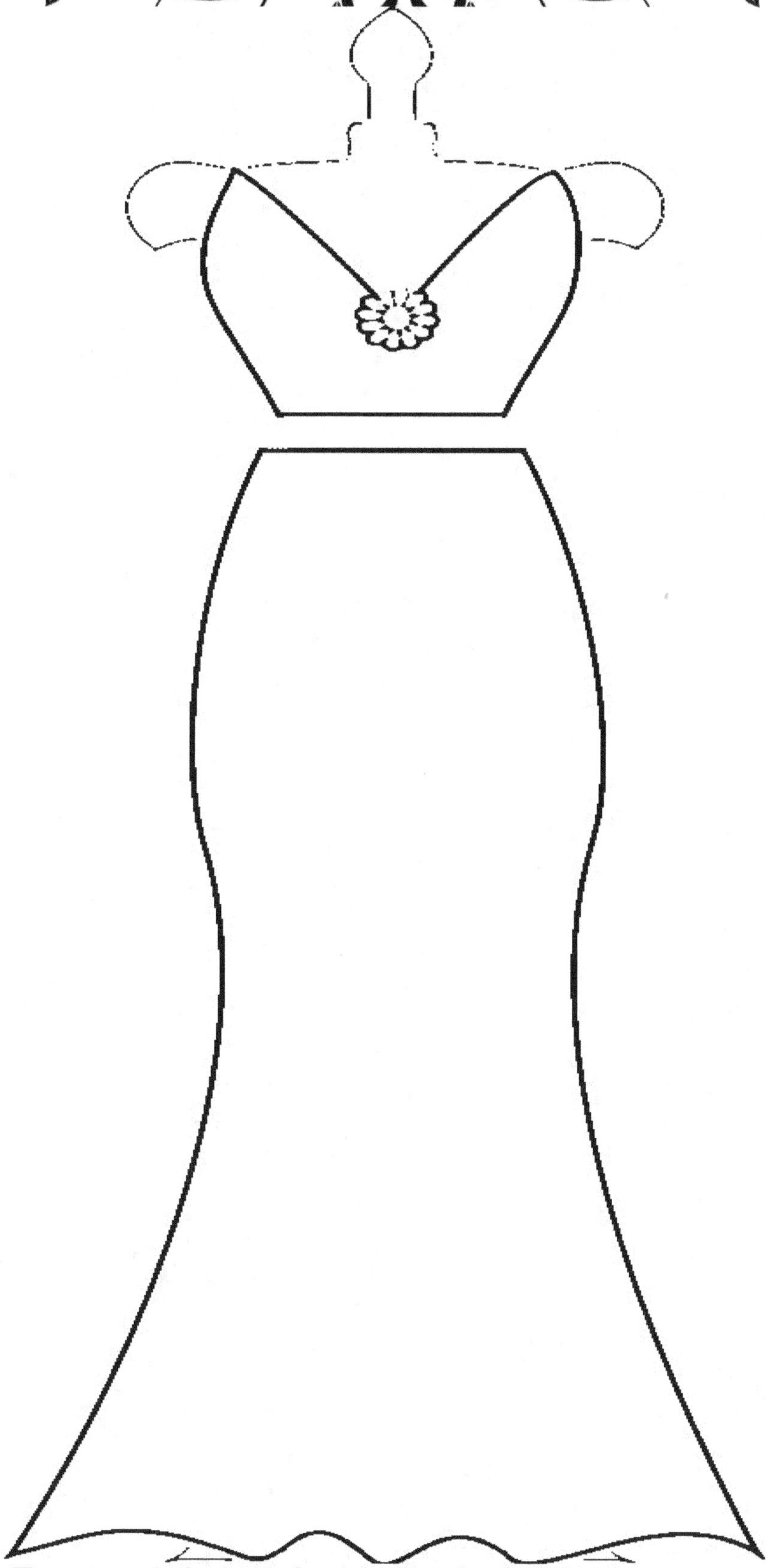

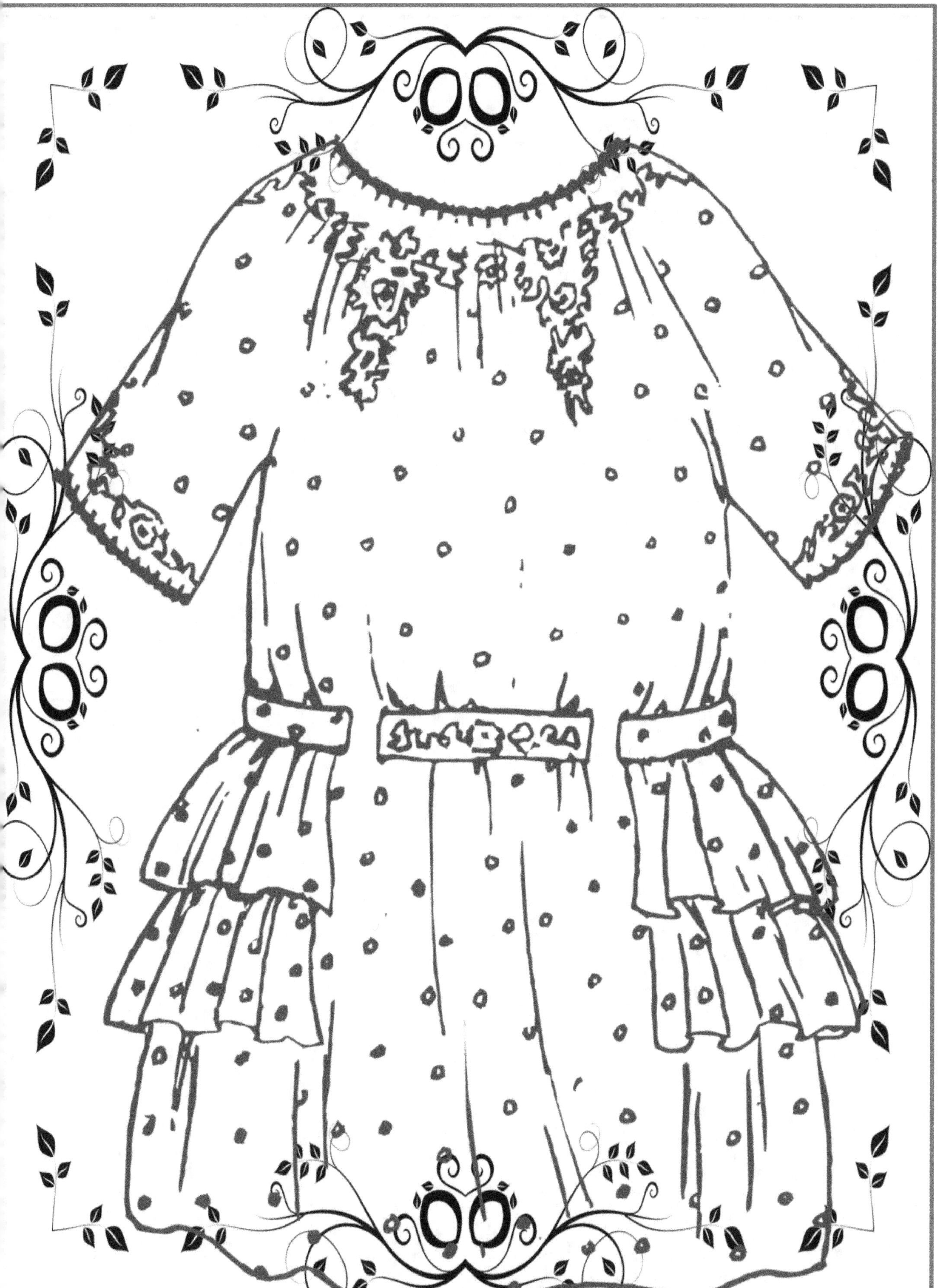

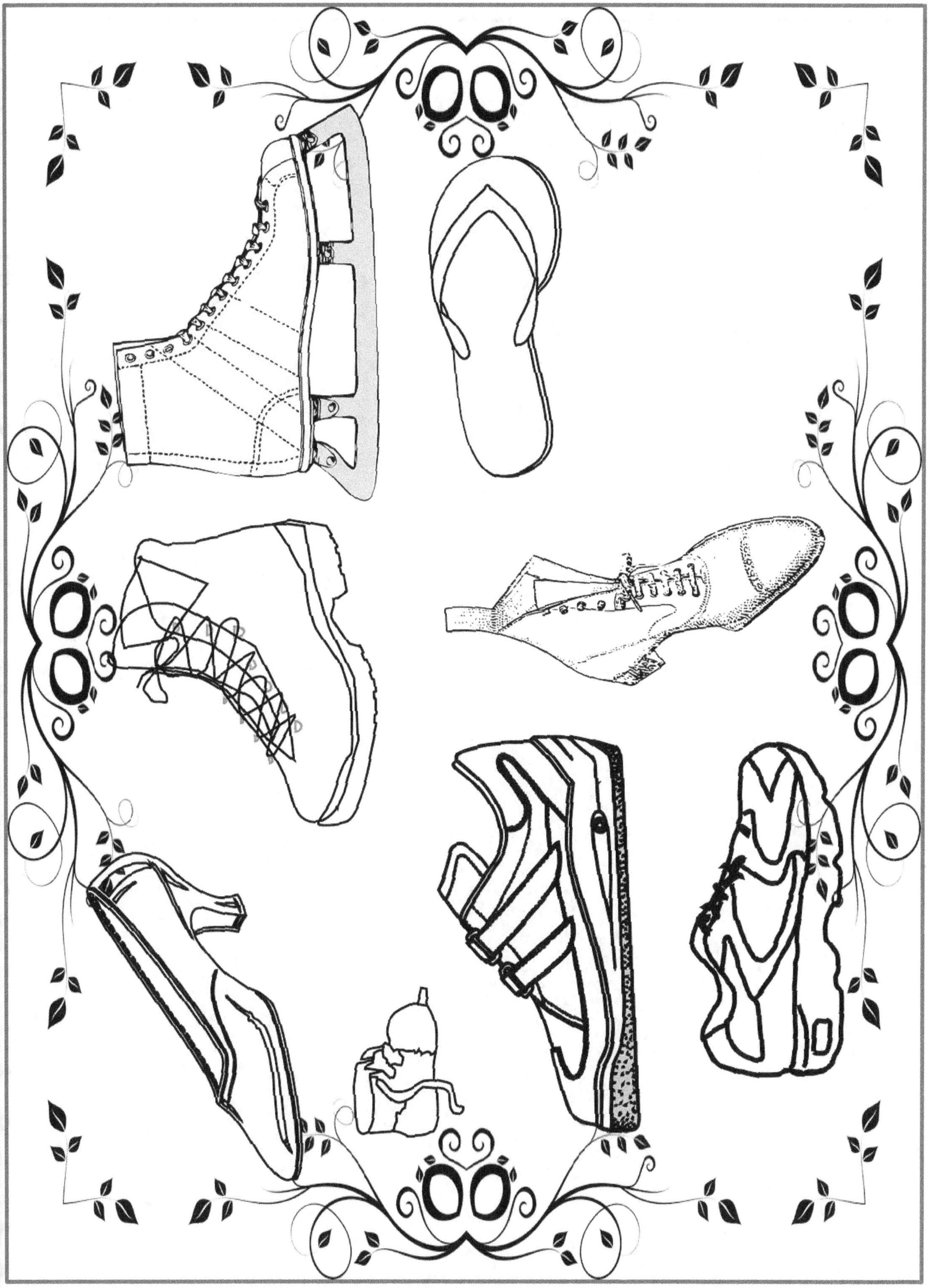

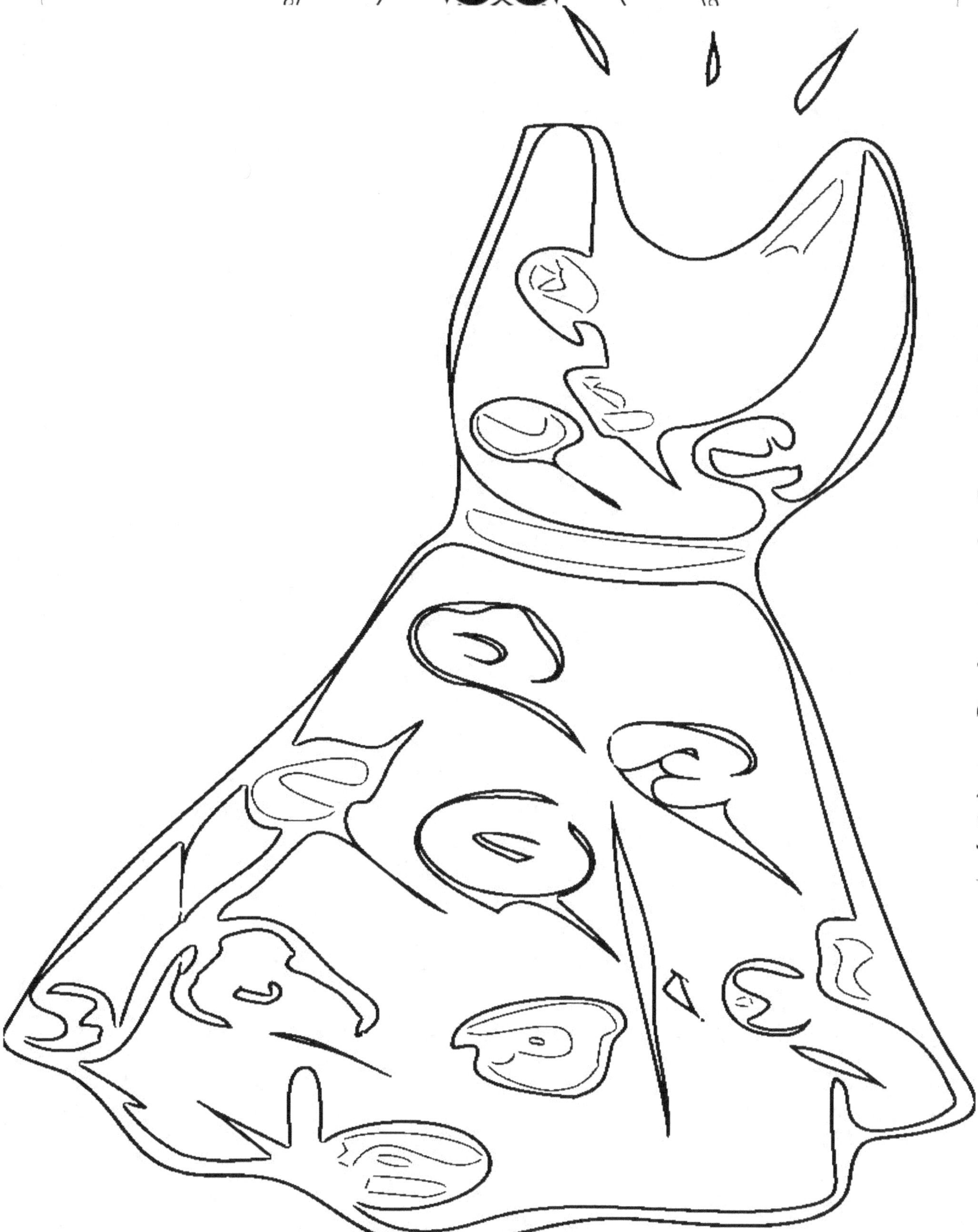

S

Thank You!!

"Disfruta el
Tiempo con esto
linda Libro para
colorear de moda
para tus chicas"

www.ingramcontent.com/pod-product-compliance
Lightning Source LLC
Chambersburg PA
CBHW081352160726
48000CB00010B/3308
9798561392023